白色的回憶

胡爾泰　著

à

Paul Claval

目　次

白色的回憶

第四輯／愛與死：二律的背反

白
色
的
回
憶

似此星辰非昨夜，
爲誰風露立中宵
——論胡爾泰詩集《白色的回憶》

◎劉建基

《白色的回憶》中的白色、回憶、追尋

胡爾泰出身學院，專長文化史與宗教史，係台灣當代詩壇重要詩人。其詩作質量精純，文字細膩，時而浪漫感性，時而冷峻慧點，散發出深厚的文化底蘊與歷史意識，可謂詩壇之「文字遊俠」。詩中常以歷史傷痕、鄉愁懷舊、逍遙狂想、樂園意識、美感追尋爲主題，洋溢著歷史縱深與人文關懷厚度，以及嚴肅、理性的思辯。

此本詩集除了延續前二本詩集《翡冷翠的秋晨》（2000）與《香格里拉》（2007）主題外，淺中見深的詠物諷喻——無論是托物寓意或借物抒情——更加精練、巧妙，且文化關懷視野與批判視角更加擴大。詩行中每每透露出其對當代政治、社

會、文化現象的省思與批判。

　　胡爾泰此本詩集以「白色的回憶」爲名，亦將〈白色的回憶〉一詩冠於卷首，自有其深意，顯然「白色」與「回憶」是這本詩集創作的基調。英國浪漫主義詩人華滋華斯(William Wordsworth)在其詩論中有云，詩興或詩意必須變成「寧靜中回憶的情感」（"emotion recollected in tranquility"）才能成爲詩行詩篇。胡爾泰的回憶基本上是深沈寧靜的「白」，充滿「白色」的臆想、意象與異象，並且呈現多元繁複的跨文化空間對話。

　　美國作家梅爾維爾（Herman Melville）在〈白鯨之白〉中指出，儘管白色在自然界事物中與一切甜蜜的、尊貴的、崇高的事物聯想在一起，然而這種顏色最深層的意象裡，卻隱藏著一種「無從捉摸」的東西──這種東西引起人的驚恐，更有甚於鮮血的腥紅色。在〈白色的回憶〉中，胡爾泰藉由白黨抵抗赤俄失敗、白俄自我放逐，與流寓他鄉之歷史事件，將白色意象與死亡鮮血連結。敘述者呈現具有歷史意識的白色回憶，一方面表現出對離散族群

的花果飄零寄予同情，另一方面寄寓對現今世界所
存在的暴力、血腥的批判：

> 那一年的冬天
>
> 槍砲的聲音比雪還大
>
> 冬宮的星子嚇得失去了血色
>
> 鐮刀收割了革命的果實
>
> ……
>
> 白黨的鮮血
>
> 染紅了雪白的芭蕾舞裙
>
> 肩星墜落白堊的原野
>
> 滑過白色的冰原
>
> 帶著四方鄉愁的白色
>
> 軟糖　化成了白色的回憶
>
> 逐漸消融於白軍的口中

　　文學中，「自我放逐」意識的呈現總是暗藏著
「追尋」主題。自我放逐的白俄，在漂泊離散的歲
月裡，不斷尋找某種精神上的歸屬。流浪的白俄對
原鄉故土的依戀，可謂是一種懷舊鄉愁式的永恆
「追尋」。然而，這種對故土的依戀思緒，只能沈

埋在異境他鄉，只能在「錯把他鄉當故鄉」的異域
中虛幻地擁抱，不禁令人噓唏，感受到一片蒼白的
空無與空茫：

> 自我放逐的
>
> 白色的異國魂阿
>
> 鐮刀已然腐朽
>
> 鋤頭已然生鏽
>
> 察干薩曰早帶著雪花降臨
>
> 遠方白皚的遠野
>
> 也傳來了白色馬車的鈴鐺聲

胡爾泰詩作，有時藉由對美人的愛慕來表達對
至美永恆的「追尋」，有時借美人以喻樂土。如此
的引類譬喻，一如中國文學屈賦「借美人以喻君
子」手法，旨在喻託情懷，寄寓對現時的不滿與批
判。在〈給安琪拉〉，胡爾泰以美麗女子形象——
伊甸佳人與銀河天使——譬喻人們心目中的理想樂
園或永恆不變的美：

> 彷彿在睡夢中見過妳
>
> 妳的容顏竟如此清晰

彷彿在伊甸園中吻過妳

妳散發出迷人的氣息

彷彿在雲端中聽到妳

妳是蕩漾銀河的天使

詩中的美麗女子讓敘述者醉迷伊甸、酣睡銀河，彷若想像中的理想夢土或永恆至美能讓人們安然入眠，長居以終：

今夜 天街如水

天街如水 我將沈醉

醉入迷人的伊甸園

今夜 月華如洗

月華如洗 我將沈睡

睡入蕩漾的銀河裡

今夜 就在今夜

我會在夢中

再遇到妳 擁抱妳

胡爾泰〈給安琪拉〉一詩中借美人以喻夢土或永恆之美的手法，亦表現在〈給陽光女孩〉之中：

陽光的女孩

奔馳在夢土的女孩

……

陽光紋身海風吹拂過的

妳 依然是純潔無邪

胡爾泰〈給安琪拉〉與〈給陽光女孩〉等作品，皆呈現詩人對理想境界的永恆追尋與浪漫情懷，同時亦夾雜了詩人的哲理感悟、人文省思，與批判意識。這些詩作浮現出大文豪歌德（Johann Wolfgang von Goethe）在《浮士德》中所呈現的永恆至美圖像。「女性」與「永恆」是同義詞，女性是永恆的象徵：「一切消逝的／不過是象徵；／那不美滿的／在這裡完成；／不可言喻的／在這裡流行；／永恆的女性／引我們上升。」

〈塞維亞的回憶〉一詩源自於胡爾泰從西班牙賦歸，在「寧靜中回憶」中，所獲致的情緒感受。胡爾泰以簡單樸實的詩句，勾勒出塞維亞古城文明興亡史，增添了幾許的歷史滄桑：

哥德人來了又走了

把名字留給了雄偉的教堂

摩爾人來了又走了

留給了阿拉的子民 皇宮花園流水

和拼湊不出任何故事的鑲嵌

哥倫布走了又回來了

把黃金和榮耀

安放在塔端與教堂

而在教堂深處得救的靈魂啊

又陷入了佛朗明哥的漩渦裡

　　哥德人、摩爾人、西班牙人留下了無數雄偉的建築、巍峨的教堂與豐厚的黃金。然而，在這表面富麗而內裡庸俗的文明古城背後，我們似乎聽到印第安人血淚泣訴「被殖民」的夢魘，控訴「殖民者」假文明教化──「福音」──之名，行殖民統治之實：

福音隨著混濁的河水

晝夜不停地奔流著

印第安人的血啊

卻在半島人的血管裡

日以繼夜地哭泣著

〈塞維亞的回憶〉中的印第安人，彷彿伊比利半島的棄兒，在文明的「福音」浪潮裡無奈的嘆息，低吟著族人的歷史悲歌，「幽幽咽咽，嬝嬝餘音，萬古愁，不絕如縷」。胡爾泰從關懷族群的角度出發，批判恃強凌弱的強權政治與文化，替弱勢印第安人發聲。

在〈白鴉的獨白〉中，胡爾泰藉由動物寓言與「白色」的正面意象，呈現白鴉睥睨同類、獨樹一幟的「白」。敘述者以擬人的筆法，巧妙的譬喻手法，寄寓深奧的哲理。白鴉在其獨白中，自敘其潔白無瑕，身世不凡，傲視群倫：

我是同類中的異類

黑暗中的一點白光

每天早上修飾天生潔白的羽翮

……

我曾經是仙島的王

高倨在扶桑樹顛睥睨群雄

我也曾自由的翱翔在美麗的天空

用力揮舞翅膀大聲地宣示主權

希臘神話中，孤傲的泰坦巨神普羅米修斯（Prometheus）自天庭盜取火種給人類，爲人類帶來文明。眾神之王宙斯（Zeus）將普羅米修斯綑綁於高山巨岩上，以懲罰其立意良善的叛逆行爲。〈白鴉的獨白〉中的白鴉，是知識傳播者，亦是文化傳承者。一如普羅米修斯的遭遇，白鴉在「企圖帶給人光明快樂和希望」時，因「莫須有」罪名含垢蒙塵，導致被禁錮於「人跡罕至的象牙塔內」之命運：

> 塔內除了水盆之外空無一物
> 我用脫落的羽毛做成的筆
> 反芻已然發臭的的回憶
> 從十字形窗櫺透進來的光
> 照著我逐漸消瘦的身影

胡爾泰透過白鴉的「內在獨白」（inner monologue），營造出一種「癱瘓／麻痺」(paralysis)的氛圍，一方面影射知識份子的無力感與落難悲情，另一方面暗指「黃鐘毀棄、瓦釜雷鳴」的知識

社會中，有識之士難以立足：

當夜幕低垂時

我將背著十字架安然逝去

這時　我的靈魂將化成白鴿

飛出塔外向世人宣告

即使是白鴿　影子也是黑的

〈白鴉的獨白〉末段詩句呈現動物寓言之變形「異象」：白鴉死後，靈魂化爲「白鴿」，沈沈黑影籠罩四周。白鴉臨終前的獨白似乎預示著「世溷濁而嫉賢兮，好蔽美而稱惡」。高行潔志之士卻不爲世人所理解，正所謂「讒人高張，賢士無名」。

整體說來，胡爾泰《白色的回憶》，詩篇題材廣泛，或抒情、或批判，表現手法互異。冠於卷首的〈白色的回憶〉爲整本詩集提供了指標性的閱讀視域。循著「回憶」、「白色」、與「追尋」之概念性框架，讀者也許可以略窺胡爾泰整本詩作的精髓及其書寫慾望──爲何獨白？與誰對話？──的蹤跡。

──2010年5月30日劉建基于世新大學研究室

白色詩序

◎吳明興

緣起：詩貴隱微

國定佛誕日暨母親節前夕，與胡爾泰教授茶敍於范揚松教授辦公室，胡教授如約帶來最近三年內所創作的詩集《白色的回憶》打印稿，並要我以非學術的方式撰述序言，這就爲我以詩心直感詩心的鑑賞，預留了免於掉書袋，且能任性之所之而爲之天馬行空的龐大想像空間。然而，在我來説，鑑賞的想像，無疑是以趨近詩人創造時的原始觀照爲根據的。易言之，我是通過作品的抽象符碼，及詩學所特具的語言藝術，用細讀及文本互涉法，在鑑照的同時，去宏觀詩集的總體輪廓，然後將分析的理論意圖，在領受詩心之際，迅速泯入意境直觀體悟的境界中去，而與作品所呈露出來的意象，當體合而爲一。問題是鑑賞的極致，一旦僅止克羅齊美學的終端，那麼，所謂的序言，也就祇能是一張白紙了。是以爲了讓欣賞詩及詩人風華的鑑賞家們，得著悟入胡詩應有的各種可能的進路，

我擬，將黑墨灑在白紙上，選析三首詩，把詩的語言化成敘述的話語，然後將詩的意境，別開讓鑑賞家們得以肆意出入的語境。

　　《白色的回憶》依主題分編為五輯，共收錄詩人最新力作約六十首，鑑賞家們在直接面對大部分的作品時，都可以與詩心同鳴共振。但因通曉法文、德文、義大利文、蒙古文、英文、日文，且四度赴歐從事學術研究的學者胡教授，經常以性好「遊山玩水」的詩人身分，周遊三大洋五大洲，並以其廣泛的史學專業洞察力、敏覺的詩性感受，與深湛的哲思，也就是義大利近代社會科學的創始人與啟蒙運動美學家維柯，在《新科學》一書中所揭櫫的詩性智慧，把文史、宗教、藝術等具足人類深邃智慧的文化結晶，以即興賦詩的捷疾詩才，轉化為詩的語言，以語言的藝術形式，體現詩文本書寫的才情。因此，在詩人筆下，這一類以意象語結構著客體文下之文的作品，便有必要在敘述時，反其道而行的去為之一一揭顯。胡教授說：「詩貴隱微。」要我寫序時也說得「隱微」，但我知道萬言序，肯定不僅止於序，而是以鄭箋做為鑑賞詩的基礎知識，然後以敘述的話語，將詩的語境所鋪陳的意境，以及

白色的回憶

被意象所遮蔽的意義，給和盤托出。所以，我將在如下的行文中，把深藏在詩中而與詩本身看起來似乎不可也不必達詁的「本事」，盡可能的彰顯出來。

歷史殘影：白色的回憶

〈白色的回憶〉既是開卷之作的詩題，也是書名，可見詩人對這首詩的重視程度是極高的，而更高的命意，卻被看似無意，其實是深心之所之的副題：「致流浪的白俄」。單純的從副題來看，漂泊無方的白俄，是詩人行吟於巴黎某一街頭時，目擊遠離故土的白俄羅斯人，細弱而模糊的白色縮影，就在這個身影所投射的無限深黑的時空中，歷史不幸的殘影，遞次在詩人眼前浮凸出來。最早的一千年是立陶宛、波蘭及俄羅斯的交相爭奪，然後是基輔羅斯、俄羅斯的兼併與殖民，祇是在一九一八年三月二十五日，曾經建立短暫人民共和的白俄羅斯，仍然沒有獲得上帝的悲憐，而在自己的故土上當家做主，是以當詩人目擊白俄的那一刹那，同時聽到一九一七「那一年的冬天」，接著從發自剛剛誕生的孟什維克俄羅斯，然後是來自德意志帝國東線戰場的：

槍砲的聲音比雪還大

就在這肅殺的寒風中，持續發自孟什維克俄羅斯連綿不斷的槍砲聲，在不到一年德意志帝國投降後，就把白俄羅斯人民共和國，於一九一九年一月一日，變成白俄羅斯蘇維埃社會主義共和國。而吊詭的是在斯拉夫兄弟彼此征伐的沙場上，詩人同時看到了一九一八年三月三日，在德意志帝國軍隊的砲口下，列寧早已以喪權辱國的《布列斯特─立陶夫斯克條約》，把孟什維克俄羅斯自家「**冬宮的星子嚇得失去了血色**」，因為就在條約簽署之際，以孟什維克俄羅斯當家而逐漸壯大起來的蘇維埃社會主義聯邦共和國，原名聖彼得堡的首都彼得格勒，也在德軍砲口的威嚇之下，自願退出戰場，並往東退到遙遠的莫斯科去，於是做為全世界勞動者大團結象徵的新「冬宮的星子」─鑲黃邊的紅星，不得不與白俄羅斯及聖彼得堡，在混亂的陣地中一齊臉色發青。

然而，同樣吊詭的是，紅星正下方，做為工農階級革命當家成功象徵的「**鐮刀收割了革命的果實**」，這是以俄羅斯蘇維埃為獨佔的聯邦式收割，而做為俄羅斯蘇維埃權柄的「**鎯頭敲碎了大理石的圖騰**」，就是這把以無產階級

為名打造的巨大鄉頭。其所極力敲碎的，又何止是白俄羅斯的圖騰，即使是亞美尼亞、亞塞拜然、格魯吉亞、哈薩克、吉爾吉斯、摩爾多瓦、塔吉克、烏克蘭、烏茲別克、土庫曼、喬治亞、立陶宛、拉脫維亞和愛沙尼亞的圖騰，也一併被徹底粉碎了，並波及到了捷克、匈牙利、羅馬尼亞、保加利亞、波蘭、阿爾巴尼亞、南斯拉夫、蒙古、柬埔寨、衣索匹亞、莫桑鼻克、索馬利亞、古巴、老撾、越南、中國等地。因此，在詩人透過白俄細小的形影，張望歷史的當際，竟爾感同身受，而不自覺的發出深沈的喟歎，深深的喟歎著：

西伯利亞的冰雪從此不再融化

被萬里冰雪嚴密封錮長達七十五年的西伯利亞，在這場人類政治文明史上從未有過的冰雪，自一九一七年儒略曆十月二十五日晚上九點，列寧領導布爾什維克赤衛隊消滅斯托雷平臨時政府，並佔據冬宮開始，在紅軍的槍口下，「**白色的星星從此不在旗幟上閃爍**」，而這保皇黨的旗幟，在長達六年的內戰中，終於由逐漸傾倒而灰飛煙滅，即使連最後一絲白星的毫芒，也杳無餘光可辨。這教「**白黨的鮮血**」，註定要跟著曾經在末代沙皇尼古拉二

世・亞歷山德羅維奇・羅曼諾夫眼前，以最曼麗的肢體、最潔淨的白紗，翩翩然、輕輕然混漾著讓人耽靡的意象，一同「**染紅了雪白的芭蕾舞裙**」。於是歷史的舞臺，在一九一九年夏秋之際的伏爾加戰場上，高爾察克將軍的「**肩星墜落白堊的原野**」，繼而高高張掛起了彌天的鮮紅布幕，這幕覆蓋了「**滑過白色的冰原**」的肩星，並成為隱在的「**帶著四方鄉愁的白色**」，到處去流亡。這紅色的幕，顛覆溫暖意象的紅幕，不僅教俄羅斯自家的白黨黨人，在流離中以「**白色的回憶**」，有苦說不出的「**逐漸消融於白軍的口中**」，也使白俄羅斯退出了白色的家園，消失在紅色舞臺淒冷的逝滅點深處，直到其仍然在他鄉漂蕩的不死的族裔，再度以白色的意象，帶著顛沛的鄉愁，和來自臺灣的行吟詩人，以幾乎喪失存在主體的白，不期然而然的相遇於異國街頭。

然而，這樣孤獨的相遇，如非孤獨的詩人獨具隻眼，怎能從白色的背景中看到白色的主體，已經卓有深意的，從被前蘇聯最高蘇維埃主席團主席戈巴契夫，自一九九一年十二月二十五日，扯下舞臺上的紅幕那一天起，再度以白色的鄉愁，為自己找到一條白色的回家之路。因為在紅

幕被黨人自己親手毀棄的同時，帶來普遍饑餓的「**鐮刀已然腐朽**」，反過來敲打勞工的「**鋤頭已然生鏽**」，而遲到二十一世紀，方始如夢乍醒過來的「**白色的異國魂**」，終於在被蒙古人視爲吉祥納福，而名爲「**察干薩日**」的白色正月裏，聽到曾經「**肩星墜落白堊的原野**」，在雪花飄迎春訊的「**遠方白堊的原野**」，一陣緊似一陣的傳來就要啓程返鄉的呼喚，傳來了……

傳來了白色馬車的鈴鐺聲

農民畫卷：米勒的彩筆

約當誕生於亞熱帶的詩人，仍在孤島臺灣以「進口替代」努力朝向資本主義天堂衝創的農業經濟時代，身處被日本侵略軍掠奪到祇剩下徹底貧窮的南臺灣，在戰後經濟崩潰的農村牙牙學語之際，早少年詩人胡爾泰一百多年，於一八一四年從也是戰後的諾曼第半島格魯什村的農家走出來，在一八三二年走到瑟堡習藝，並在兩年後滿懷藝術創造激情的一頭撞進巴黎美術學院（École des Beaux-Arts）的讓—弗朗索瓦·米勒（Jean-François Miller），在四十三歲的一八五七年，於巴黎南郊六十公里處的巴比松

（Barbizon）農村，以最純淨的悲憫情懷，以最深緻細膩的筆觸，以最溫暖的色調，爲世人呈示出「鋤禾日當午，汗滴禾下土；誰知盤中飧，粒粒皆辛苦」的偉大畫幅——《拾穗》。當這一幅畫以其不朽的意蘊，在一百五十年後，從巴黎奧塞美術館（Musée d'Orsay）飛來，而再度於歷史博物館中鮮明生動的映入詩人似曾相識的視野時，詩人同畫家同一切偉大的藝術家一樣，以不曾因長年過著都市化的生活，而失去的「大地之子」身分，親切的看到了詩的創作根源，看到了孕乳一切偉大藝術的心靈，看到了值得人類永世歌頌的大地，那大地祇要遠離掠奪者的血手，祇要樸實的農民仍在流著汗水勤勞耕種，必定會回報人類以富厚的豐收！

在日軍佔據我臺澎，實施「搶光、殺光、燒光」的三光政策，並以尖銳的鐵蹄，踩躪我民族尊嚴，屠殺一千六百二十萬中國平民，向南洋發動全面屠殺無辜平民的侵略戰爭，終於放下武器，高舉血淋淋的雙手無條件投降的戰後，「農業臺灣」早已是滿目瘡痍，靡敝至極。因此，同我一樣，做爲戰後嬰兒潮而來臺灣降生的詩人，在臺灣農村經濟復興的艱苦歲月中，要不同我一樣，也曾經餓著肚

皮，在臺灣兩季稻作收割後的田壟中，睜著可堪辨識纖毫的童稚之眼，彎著瘦弱的腰板，打著赤足，踏在祖先遺留下來而終至日月重光的最牢靠的土地上，循著父祖輩堅毅不屈的腳印，拾起在繁重與忙碌的收割打穀的勞動中，不慎從手裏脫落的穀穗。至少也在自己故鄉的牛車路上或田埂邊，親眼目睹過一群衣衫襤褸的老弱婦孺，同我一樣，彎著腰唯恐有所漏失的專心拾穗。而其專注的卓絕形影，體現在米勒的彩筆之下，以其凝固時空的永恆恬靜，以金黃的鮮明意象，活回詩人燦發著光芒的眼中，而為之由衷的禮讚，禮讚著：

盡是黃澄澄的一片

穀粒飽盈的金黃色收穫，不論是在巴比松、在臺灣，乃至於全球的任何地方，都是延續人類基本生存於永世不絕的生命交響曲的美好諧奏，而譜寫生命交響曲的主旋律，既是融冰後的泛泛春水，也是虞舜〈南風歌〉「可以解吾民之慍兮」，「可以阜吾民之財兮」，以時「薰兮」的習習惠風，更是犁耙耕耬田園的音符，是鋤頭翻掘溝壟的音符，是汗水澆沃種籽的音符，而種籽落地的音符，總是隨順著造化無聲無臭的流衍，並最終回敬人們以溫飽的

幸福樂章。

　　種籽落地，誠如南宋國學進士王日休在《龍舒增廣淨土文》卷第一〈淨土起信七〉所說：「春種一粒粟，秋收萬顆子。」而米勒傳統的耶穌，不也是這樣說的嗎？他老人家在《約翰福音》第十二章第二十四節說：「我實實在在的告訴你們：『一粒麥子不落在地裏死了，仍舊是一粒。若是死了，就結出許多子粒來。』」而這洋溢著「許多子粒」的欣快氛圍的樂章，不必出諸於激烈的變調，縱算得上對皇天后土的感恩，就像最後以自戕的酷烈手段，割去自己耳朵的文森·威廉·梵谷那樣，梵谷在面對著米勒視域中同樣金黃的麥田時，所看到的並不是滿眼豐盈且韻致和平寧靜的喜悅，而祇是聽到一大群烏鴉的聒噪，以致情緒焦躁，痛苦不堪。然而，當《拾穗》鋪展在詩人眼前的同時，滿心悲憫的詩人，卻自然而然的以同理心，對著普天之下都一樣無有私藏的麥田，想像著畫完《麥田群鴉》翌日，便舉槍對著自己的胸口扣下槍機之前，說出最終遺言「悲傷將永留存」（La tristesse durera toujours）的梵谷，致上對亡靈都能爲之止痛療傷的撫慰：

但是沒有黑色的聒噪撕裂天空

黃昏的農事 是一齣沈靜的交響樂劇

詩人以悲憫的情懷，把梵谷畫筆下象徵死亡，甚至就是死亡本身的腐食者烏鴉，在充溢著幸福的沈靜交響樂章中，以最虔敬的心意，給予最祥和的昇華。此時，伸張著尖屬黑爪的烏鴉，及其以撕裂天幕之勢，群集掠食而來的聒噪，都在「晚禱時分」，在凡物皆可各隨其分和平共享的大地上，找到讓自己安身立命的憑藉。

聽！且聽！且聽聽詩人所聽到的晚禱，也許就是米勒繼《拾穗》之後，隨即從其彩筆下迴蕩著教堂鐘聲的《晚禱》：「父啊！赦免他們，因為他們所做的，他們不曉得。」（《路加福音》第二十三章第三十四節）因為梵谷不僅曾經臨摹米勒的《晚禱》，向這位同時代的畫苑前輩致意，並曾在一八八零年八月到一八八一年五月，短短十個月之間，以祈求能從痛苦中解脫的無比虔誠的心，持續畫了好幾十幅《晚禱》。但詩人在臺北所聽到的，也許就是臺灣音樂人羊磊，一字一字填入安格爾伯特·胡姆佩爾汀赫曲調中，而後在臺北逐漸臥入夜分的南海學園上空，細細呢喃的：「月光灑落我身上，星光圍繞我身旁。悄悄進入你心房，輕輕打開你心窗。忽然聽見聲音，黑暗中的

旋律。天使在我腳前，音樂圍繞著我。天使細心看顧我，引領我進入夢鄉。」因此，在大地安詳進入夢鄉之前的晚禱時分，詩人乃至於人子，都要如是蘄嚮著：也許

會有一大群烏鴉來覓拾
大地之子遺失在麥田裏的
穗粒吧

美的罪案：巴黎，另一種鄉愁

一七九三年一月二十一日，被迫在一七八九年簽署《人權和公民權宣言》的路易十六，被送上親自參與設計的斷頭檯。而這份宣言的遠親，即一九四八年十二月十日，從聯合國人權委員會的子宮，孕育僅短短的兩年，便在不流血的順產之下，終於誕生的《世界人權宣言》，並以每年的十二月十日爲「世界人權日」。大革命的誕生地巴黎，也不斷地把革命輸出到國外。

一八五七年，象徵主義的先驅，法國最偉大詩人之一，夏爾・皮埃爾・波德萊爾（Baudelaire）初版發行動筆於一八四一年的詩集《惡之華》（Les Fleurs du Mal），同年八月二十日，被巴黎法庭以「傷害風化」罪名，科以三

白色的回憶

百法郎的鉅額罰款，這是派生中國詩怪李金髮的巴黎，也是以創作散文詩《巴黎的憂鬱》，後來深刻影響中國新文藝胎產出新文體散文詩體的憂鬱的巴黎。

一八六一年，創作時間長達十七年的《悲慘世界》，終於在維克多·雨果（Victor Hugo）筆下殺青，並在同年十一月二十五日，給奉命參與英法侵略大清帝國的聯軍火燒世界萬園之園圓明園的英國上尉巴特勒回信說：「有一天，兩個強盜闖進了圓明園。一個強盜大肆掠劫，另一個強盜縱火焚燒。……在歷史面前，這兩個強盜，一個叫法國，另一個叫英國。」這是在帝國主義橫行全球時期，仍有良知的巴黎，也是以羅浮宮公然收藏劫掠自世界各地文化贓物的強盜的巴黎。

一九一零年，卡斯頓·路易·阿爾弗雷德·勒胡的小說《歌劇魅影》問世，後來由安德魯·洛伊·韋伯，在一九八六年，改編為百老匯音樂劇，常年演出，直到二十一世紀，熱潮仍未衰退。並在二零零四年，由華納兄弟電影公司，發行喬·舒馬克導演的電影版，直到今天，仍在臺北許多影迷的光碟機，以及我的光碟機中，反覆的播映著，這是讓愛情驚悚的巴黎。

一九四三年，尚—保羅・沙特（Jean-Paul Sartre）由伽利瑪出版社出版了非理性主義思潮的哲學鉅著《存在與虛無》，並以「存在先於本質」（L'existence précède l'essence）的理念，奠定法國存在主義運動。姑不論存在主義的思想運動形態，在二十世紀上半葉的歐洲，是如何的複雜與紛紜，其對一九四九年因內戰而導致中國國體裂解後，退避臺灣的國民政府，爲安定民心與統一思想，而喊出「一年準備，兩年反攻，三年部署，四年掃蕩，五年成功」的復國口號下的特殊文化現象，是卓有影響的。這個迄今仍未被實現，卻在民國四、五、六零年代，造成臺灣文化界一言堂態勢的思想與創作的白色苦悶的口號，竟使當時受其寒蟬效應深刻牽制著的文化界，湧現出了一股連自己從來也沒有闢清楚過甚麼是存在主義的擬存在主義思潮，這是試圖在上帝已被弗里德里希・威廉・尼采在一八八八年以轟動全球的名著《反基督：對基督教的詛咒》宣判死刑之後，人類自覺著要以「自己創造自己」的巴黎。

一九四九年，尚—保羅・沙特的同居人西蒙・露茜—厄爾奈斯丁—瑪莉—波特朗・德・波伏娃被稱爲女權運動

的「聖經」《第二性》，由伽里瑪（Gallimard）出版社首刊發行，這是祇要同居羅曼史，而不用正式結婚，綿續可能在數個子代之後，混亂血胤，乃至於近親亂倫的女性主義的巴黎。

巴黎！巴黎！君權神授的、啓蒙的、大革命的、浪漫主義的、詩怪的、憂鬱的、良知的、強盜的、驚悚的、存在主義的、女性主義的、結構主義的、解構主義的、後現代主義的，從「我思故我在」的變成「我消費故我在」的，充滿各種嚴肅論題範式和唯心與唯物精神鬥爭的巴黎，在二十與本世紀曾經四度滯歐研究的學者詩人的視域中，雖然在詩文本的書寫之中，對它們採取了理性規避的態度，但這些潛存於巴黎大街小巷深處，乃至於可能成爲紀念碑的每一塊石頭的紋理內部，並與詩人的原鄉臺灣，有著千絲萬縷瓜葛的各式新舊文化傳統，做爲詩顯在的能指的意象之海之下隱在的所指的互文，顯然是長期啃噬著詩人心靈故鄉的「鴆酒」，就像竹屋禪師參訪白雲禪師時所領受到的峻烈家風，竹屋禪師詩云：「忍死丁寧見白雲，一杯鴆酒十分斟；若教不飲空歸去，田地無由被陸沉。」也是春申君黃歇〈送子行〉詩「年深外境猶吾境，

日久他鄉即故鄉」的文化鄉愁，可見詩人是不得不在當機對境的詩想中，不容擬議的就一口飲下與其相應的文化「鴆酒」，纔不至於悵然空歸去。

每當詩人沿著塞納河畔，順著橋走上河中的西提島（Cité），看到島上以展翅欲翔的飛扶壁和直指天堂的高聳尖塔，展現偉岸形象，矗立達六百六十五年的巴黎聖母院，都會有著全新的心靈震撼。隨著強烈的文化鄉愁，在陽光下，如此純淨的空氣，教穿越紅塵，再度回來朝聖的詩人，依舊感動不已。因此，曾經「七彩而輝煌」的「玫瑰窗」上，那象徵著基督鮮血的紅，與象徵著天國的藍，都在寧謐乃至於有點黯然失色的光暈中，為著祝福的恩典，而燦發著應該要呈顯著永恆的光芒。誠如《新約·哥林多前書》第十章第十六節所言：「我們所祝福的杯，豈不是同領基督的血嗎？我們所擘開的餅，豈不是同領基督的身體嗎？」又如《馬太福音》第五章第三節所言：「虛心的人有福了！因為天國是他們的。」第十節又說：「為義受逼迫的人有福了！因為天國是他們的。」

天國是他們的，因為……因為所有的罪，所有在花都所犯下的美的罪案，都將在《約翰福音》第六章第四十節

白色的回憶

所説的「叫他復活」的「末日」被饒恕，因饒恕而得到救贖，而這也正是《舊約·何西阿書》第十三章第十四節所明白宣示的應許：「我必救贖他們脫離陰間，救贖他們脫離死亡。死亡啊，你的災害在哪裏呢？陰間哪，你的毀滅在哪裏呢？在我眼前絕無後悔之事。」《詩篇》第四十九篇第十五節也說：「神必救贖我的靈魂脫離陰間的權柄，因他必收納我。」

　　然而，問題的困難，既是巴黎美學的困難，也是巴黎詩學的困難，往往出在萌生於啓蒙時代的十八世紀之後，而在大革命時期的巴黎，達到巔峰的人文主義，以人的理性顛覆掉了宗教的神祕主義所產生的入世化的世界觀和價值觀，這也就是爲甚麼我們的詩人，有一個源自被尊爲「法蘭西思想之父」的法國啓蒙時代思想家伏爾泰（Voltaire）仿眞的筆名—胡爾泰—之故。

　　在近代社會從政治、經濟、文化等層面，對於歐洲黑暗時代以來不斷把思想家、科學家用所謂「異端」的名義綑上火刑柱的神教，加以除魅（disenchantment）的世俗化（secularization），就像自由主義的主要構成要素個人主義那樣，具有鮮明的「讓他做、讓他去、讓他走」的自由

放任特質，它在我們的詩人胡爾泰的巴黎，正是通過「**聖母的玫瑰窗**」，越過「**金色的圓頂與橋頭**」等意象，去放任屬人而不屬靈的開放式詩想的。

那圓頂，正是一八四零年十二月十日，厝著法蘭西第一帝國皇帝拿破崙‧波拿巴靈柩的榮譽軍人院，鑲著金邊，象徵著教權與封建牢不可破的羅馬式穹頂，且在長廊的牆壁上，還牢牢豎嵌著大清帝國丟臉丟到歐洲去的歷史性恥辱的一門鑄著漢字的大砲。那映入詩人眼中，飛架在塞納河上的「橋頭」的橋，則是素有「藝術家之橋」美譽的亞歷山大三世橋，這橋是為紀念在一八九二年，與法國締結法俄同盟的俄國沙皇亞歷山大三世，而由他的兒子，即開卷詩〈白色的回憶〉中的末代沙皇尼古拉二世，在一八九六年十月奠基興建的。當橋落成的一八九零年代，正是巴黎新藝術運動開始向現代風格的峰頂攀升，並最終成為誕生現代主義溫牀的陣痛前奏的同一年。因此，那聳峙在方形橋柱上，揚蹄張翅的金色戰馬，以及如屬人的，則應說為手持天平，向上帝索求公平正義，如屬靈的，則應說為謙卑的人，正在向過橋的芸芸眾生，宣告著上帝的公平正義的金色雕像。祇是那二十幾盞代表大眾文化洋溢著

裝飾藝術特有的設計風格極致的橋燈，卻不識趣的從竣工那一刻起，就一直展示著，自工業革命時代以來，人類可以為自己在黑暗中自創光明的龐大智慧與巨大能力，而那獨屬人類的光，百年來都在「玫瑰窗」之外，綻放著花都浪漫得教人目眩神迷的異彩。就在令詩人目眩神迷的異色幻彩中，屬於巴黎的詩人史學家胡爾泰，正是用史家特具透視複疊著時空的歷史魅影的詩眼，看到了

烈士的幽靈

出沒於晨霧未散的公園

路易斯・歐仁・瓦爾蘭、路易斯・查爾斯・德勒克呂茲、〈國際歌〉歌詞的作者歐仁・鮑狄埃等巴黎公社的主要領導人所領導，而在一八七一年，被處決人數高達三萬人的烈士的幽靈，如今仍在巴黎街頭，在北京街頭，四處遊蕩著。其中在同年五月二十八日，被槍決於拉雪茲神父公墓，後來興建起巴黎公社社員牆水溝裏的一百四十七名亡魂，曾經在我久久盤桓，而今爬滿青藤的牆邊，與我無言邂逅，衹是在未散的晨霧中，迴響著的是從近代中國傳開來的怒歌。

可見被冬宮嚴密保護的尼古拉二世的腦袋，何以在修

造亞歷山大三世橋之後的第十八年，也就是一九一七年七月中旬，在布爾什維克祕密警察的槍口之下最終不保，便不是甚麼弔詭的無因之果了。因爲專制，不論是獨裁專制或人民民主專政，都是幽靈的製造者，如死於史稱十年浩劫的文化大革命者，據不完全統計就有兩百萬人之多，而這些可能不被上帝的救贖而脫離陰間的無神論者的亡魂，往往是人類史冊教人對之傷感無端的遊魂，也是魅影，就像愛情的魅影一樣，以其驚悚的藝術形象，在詩人跟著花都美女的「長髮流浪到藝術家的橋」，走過了橋，走向歌劇院的眼前上演著，在子子孫孫的眼前上演著另一齣戰爭，演著男人和女人生生世世打都打不完的戰爭，演著：

歌劇院的魅影是不散的音符

從出諸於查爾斯・加尼葉之手，而被認爲是新巴洛克式建築典範的歌劇院那奢華的舞臺上，自一八七五年落成之後，不斷流瀉著彷彿永世不散的音符，錚錚淙淙的流溢著「女人：一個永遠解不開的謎」，這謎是從巴黎氾濫到全世界，終至成災的對口高音。因此，胡爾泰如此氣輕聲壯的唱著：女人「**捎著春天的信息**」而來（〈給雙魚座的女孩〉）。女人們在送給詩人「**一把芹**」（〈美人三

部曲〉），或被芹給遮蔽掉的吻，或者甚麼跟甚麼的無解
的隱題之後，隨即「**消失得無影無蹤**」，祇留給詩人「**一
身的惘悵和一臉的茫然**」（〈美人三部曲〉），因為「**巴
洛克是浮華而古怪的**」，而且「**洛可可纖弱得禁不起些許
的風**」（〈與小公主的約會〉），凡此等等古怪至極的西
格蒙德‧佛洛伊德式的力比多（Libido），都是「二律背
反」的鐵證，如此的背反，伊曼紐爾‧康德在《純粹理性
批判》中指出有四種可能，第四種就是「既有又沒有一個
絕對必然的存在者」，而這正是詩人紹承巴黎風緒，而
體現出來的「**神祕而感傷**」的「**花都的鄉愁啊**」！所幸
這樣沒有絕對必然性的美麗的鄉愁，在詩人一旦遠離巴
黎之後，往往祇是偶爾在臺北的字裏行間，偷偷瀰泛開
來，而有著苦澀意謂的象徵罷了，而更重要的是，「這
些仙女，我要讓她們不朽」（象徵主義詩歌代表詩人斯特
凡‧馬拉梅（Stéphane Mallarmé）寫於一八七六年的〈牧
神的午後〉（L'après-midi d'un Fauve Eglogue，莫渝譯，
《法國十九世詩選》，臺北，志文出版社，民六十八，頁
二六一），纔是詩人命意的藝術真章，因為馬拉梅的牧神
說：「是否這些你提到的女人，代表你神話意義的一個願

望！」（同上，頁二六二）而這些詩句的原創主，不也在一八九八年跟著巴黎公社的烈士們，一同在拉雪茲神父公墓唱著忿怒的與感傷而神祕的詩歌？而被十九世紀末的巴黎音樂界與詩壇，認爲已達到音樂藝術高峰的〈牧神的午後〉，不但從墓木已拱的拉雪茲參天的林梢，直接以詩句本身，銷鎔在胡爾泰的巴黎，並通過印象派音樂巨擘阿希爾─克勞德‧德布西，完成於馬拉梅晚年一八九四年的管弦樂《牧神午後序曲》，通過吹拂著樹梢的微風，繼續著敲打：

敲打綠色的鍵盤

在那綠色鍵盤上舞踊著的，正是出生於波蘭，成就於前蘇聯，瘋死於倫敦，安葬於貼近馬拉梅的拉雪茲的蒙馬特，而於一九一二年，將〈牧神的午後〉編成現代芭蕾舞劇，並以此贏得舞蹈之神美譽的瓦斯拉夫‧弗米契‧尼金斯基。然而，尼金斯基精神分裂式的殉美天才，和赤裸裸展現在肉體上的藝術情感，並非精神含蓄的詩人，所能在德布西的鍵盤上，當下具體把握到的藝術形式從語言符碼到三次元空間流動的轉移。問題是，我們的詩人，既然已經在此際，來到了舞蹈之神安息的巴黎十八區蒙馬特高

地，就不能不鬼使神差的在「水銀燈之夜」，跟著舞神的魅影，舞向同一區的皮加勒廣場，舞入通常祇磨椰奶、豆奶、煉奶、蛋奶，而從來就不曾磨過麥子的紅磨坊，並在紅磨坊的舞臺上，充滿誘惑力的鬢影中，繼續演繹著巴黎式的羅曼史。祇是「紅色的磨坊搖出了康康」的康康，有著百褶與蕾絲花邊的及地裙襬，在整排高高向前，向所有著火的眼珠子，直直踢去的繡腿上，雖隨著舞姬的兩手，不斷上下左右的撩弄著觀賞者彷彿罹患了甲狀腺功能亢進症以致外凸的眼球，並不斷的放著電，釋放著讓全身焦慮、急躁、鬱悶、激動、盜汗，乃至於心悸、脈搏加快、血壓竄升、心律不整，甚至讓肌肉無力的電。然而，這樣紊亂與擾動全身神經的電流，一旦碰上了瘋馬俱樂部半裸或全裸舞秀，就不免顯得保守與矜持得讓人忍無可忍，因為有著跟隨七彩燈光的強弱與幻化而開闔無度的「貓眼的女人」，有著渾身每一粒細胞都噴射著幾欲讓人香死的「迷迭香的女人」，她們那「湛藍深邃的眼神」，不但像死神死死的「把時間框住」，更像來自地獄的黑白無常「把靈魂攝走」，而這就是佛洛伊德愈解愈紛紜難解的夢，就是敢於用鴆酒解渴的人纔敢做的夢。因此，身陷夢

中巴黎的詩人，在夢中看到了花都的女人，也看到了南臺灣聞名遐邇的超低檔小吃部裏的女人，像一群發瘋的馬子，在人類的舞臺上到處氾濫著力比多，更同時看到了上帝死後失控的：

瘋馬在香榭的舞台上奔馳

乳波臀浪是迷幻的霓虹

緣滅：白色詩續

　　做爲語言藝術體現於創作終端的特殊書寫形式新詩，自民國九年，胡適由北平北大出版部，出版第一新詩集《嘗試集》開始，迄民國九十九年的今天爲止，不論在語言或形式方面，始終都未曾從嘗試的摸索之路上，找到詩界普遍認同的定向發展指標。易言之，新詩的特質，愈到後來愈以不斷嘗試著就是要去展演各色可能內容的書寫現象，以不確定的形式和語言，做爲不特定內容在書寫形態上的形式定性，而被以如此或如彼皆無不可的方式認識到。然而，吾人不免要反思，一種不存在公認定性的文體，就文體學而論，一旦以之做爲學術的研究對象，將始終在此一論域中，遭遇到極其難以被現有方法論所攻克的

詩學困境。因此，九十年來的新詩評論與學術研究，所獲得的理論與美學成果，也就不得不以其研究客體所具有的不確定性，共構著理論與美學上的不確定性。如此一來，就像吾人所已經看到的大量評論與研究成果那樣，都不免論者一出手便自成一家之言，而這種存在於各色特定思維體系下的論調，每因其體系在方法論上獨具特色的鮮明個性，而限定著議論的普遍效度。是以，吾人不免要如是說，新詩之所以爲新詩，祇因其書寫特質，在每一次被以文本的形式創造出來之際，都祇能是被創造者與相應的讀者與評論者，在主觀上以新詩的意識意識到的全新品種，也就是說，以每一種可能被認識到的方式，被各以自是其所是的方式被認識到。新詩的祖師爺胡適的創作與詩論如此，胡爾泰教授亦然，而我又怎能輕易的做爲一個例外之徒呢？

站在大學中文系的講壇上，主講中國新文學諸教程，一直對我的心智與理論能力，發出強烈挑戰的便是新詩教程，如同新詩創作，詩人每一次都得自我做古一樣，而沒有典範做爲教學參照系的新詩教學，每一個講次講授者也都得自我做古，因爲沒有典範，就沒有知其然之所以然的

特定認識進路，沒有典範，就不可能用具有普適性的結構化理論，並以普遍的方法去遂行有條有理的系統開展。雖然現代漢語語法學家王力，曾在鉅著《漢語詩律學》第五章〈白話詩和歐化詩〉，對新詩的形式與音韻規律，做了可貴的探索，但奇怪的是新詩界居然沒有人在創作實踐上去理他，而且在新詩論家的眼裏，王力也好像從來就不曾存在過似的無人在創作論上去同他搭訕。易言之，新詩從創作到理論到教學，其不確定的特殊定性有著高度驚人的一致性。因此，吾人所能走的易行道，便是假途詮釋學之路，先從能指的詩文本所指的內容，以他者所能對之反照的觀解，做爲說詩的基礎知識，然後將這些與詩文本在語言藝術表現上共構的知識，以任何可能的語境與詩文本從內容上有機聯繫起來，就像上述吾人對胡教授的三首詩所做的那樣。當然，吾人如欲便宜將事，各種現成的獨具特色的論詩工具，倒是唾手可得的，如主題學、傳統精神分析批評、新精神分析批評、新批評、語義學批評、複義理論、作品結構理論、文學現象學、存在主義、原型批評、文學符號學、互文性、後現代主義、新歷史主義、後殖民主義、讀者反應批評、結構主義、後結構主義、解構

主義、形式主義等等，凡此等等，幻生於二十世紀，多到讓人目不暇給，而又幻滅於二十世紀的短命理論，是不會像某香港教授所親口告訴我的「新批評永遠新」那樣有效的。所以，吾人對胡教授詩作所做的敘述，是接著詩文本往下說的說詩者以自我做古的方式所為，諸希有識者共鑒。

最後，我之所以祇說這三首詩，無非字數所限，以及胡教授詩中的巴黎，也是我曾經生活過的巴黎。我在巴黎時，居停主人看到我經常自己買菜煮飯吃，而對我說：「總是要生活的。」因此，對胡教授充滿鄉愁的巴黎，對我來說，就是生活真實的巴黎，而生活的真實正是詩的真實所自的創造根源，也是說詩人得以成就詩績的根源。

民國九十九年五月十八日續於華城

吳明興，詩人，南華大學宗教學研究所佛學組碩士、佛光大學文學博士、湖南中醫藥大學醫學博士候選人、玄奘學術研究院佛學博士研究生，現任大學中文系教師，主講現代文學諸教程。

自　序

　　在寫了二三十年的詩，在拜讀了諸大家的作品之後，我不禁要捫心自問：詩是甚麼？甚麼是詩人？詩是寫心之所至，還是情之所感？詩是吟風弄月，還是舞文弄墨？詩是揚自己的才情，還是揭門派之主張？詩是寫個人的心事，還是哀眾生之苦難？……這些都是可能的，都是被准許的，只要不用來沽名釣譽，不拿來互相標榜或者歌功頌德、製造偶像即可。因爲詩畢竟無法定義，也無法被任一詩派所禁攣；而謬斯的純潔與纖弱，既容不了一粒沙子，也不容俗念的玷污！

　　詩由文字構成，但詩終究不是文字遊戲或文字魔術，更不是醉言夢囈。「意境」是詩的靈魂，沒有詩意的一首詩，就像斷了線的珍珠鍊子，美則美矣，毫無意義可言！詩意的構成方法不一，有的以熾烈的情感貫串全詩（這種詩感人肺腑）；有的以奧妙的哲理撐起全詩（這種詩耐人尋味）；有的詩百轉千迴，欲語還「休」（這種詩考驗讀者的敏感度）；有的只是靈光乍現，信手拈來，一氣呵成

（這種詩令人讚嘆）。不管怎樣，詩意絕不是矯揉做作的，而是靈感湧至、自然呈現的，就像我以前說過的：詩是「心靈」筆管自然流露出來的。

詩貴隱微，因爲距離才能產生美。把話說盡，就好像把一個人看穿，味道全失。但是，詩不尚隱晦（晦澀），因爲它會混淆詩緒，也會因理解上的困難，而無法引起共鳴。因此，吾人不能將「隱喻」、「象徵」兩者和「隱晦」劃上等號。

詩中有畫，但詩不是畫；詩中有理，但詩不是哲學論文。詩和散文是孿生姊妹，但詩不是散文。其中的分野在於詩「心」與詩的語言。

詩人是天生的，先有「詩人」才有「詩」。詩人偶爾駐足沈思或凝聽大自然的聲音，但詩人通常是吟遊者，喜歡雲遊四海，翻閱「世界」這一本大書，歌詠人生和社會的千姿百態。詩人的心是漂泊的，尋找墮落的天使或者懺悔的魔鬼。詩人是敏感的，因而通常是憂鬱的（mélancolique），稍微觸動末梢神經，就可能「憑軒涕泗流」（杜工部詩句）或者「啃食自己的心」（來自Baudelaire的詩句：Je mange mon coeur）。詩人也是敏銳的

觀者（voyant），他們在忠誠裏看到背叛，在愛情中看到死亡，在繁華中看到殞落！

　　想像力也是打開詩門的一把重要的鑰匙，不僅詩句的營造需要它，境界的企及更需要它。英國詩評家Philip Sidney說得好：「詩人創造了另一種自然」（引自楊冬《文學理論》），而想像力正是詩人創造另一種自然的原動力。

　　本著這樣的認識和一顆澎湃不已的心，我在這三年內寫了百餘首的詩（約新舊各半），泰半發表於台灣的詩刊（《乾坤》、《創世紀》、《秋水》、《葡萄園》等等）和《中國語文月刊》之中。隨著年歲的增長，閱歷越來越豐富，手法也越來越純熟，卻越來越依賴靈感了。我把它視爲「神諭」或神明賞賜的禮物。

　　這本詩集收錄的約六十首新詩當中，動筆最早的是〈一首未命名的詩〉，時間是在二〇〇七年八月，但是一直要到翌年五月才定稿。另兩首詩〈獨處〉和〈破傘〉也是花了很長的時間才寫就。有些詩作在頃刻之間完成，例如〈夜之華〉、〈給安琪拉〉、〈我未曾離開妳〉都是即席之作，〈野百合〉則醞釀甚久，而完成於瞬間。詩集

中操觚最晚的是〈雲端的女人〉一詩，於今年五月中旬才完成。不管是即興之作，或嘔心瀝血之作，這些詩都與我的血肉、我的心靈相連。墨西哥詩人貝拉爾德（López Velarde）說得好：「只要不是從我骨骼的燃燒中誕生的詞彙或音節，我都極欲將它們剔除。」（引自趙振江《西班牙與西班牙語美洲詩歌導論》）這正是我奉為圭臬的。

這本集子分為五輯：第一輯的主題是「回憶」，第二輯的主軸是「政治」，第三輯是「女人」，第四輯和第五輯則分別是「愛與死」和「山水緣」。這些只是粗略的分法，並沒有哲學上的「範疇」（category）或類型學（typology）的意涵。每一輯的副標題，也只是我對該主題的一種「感覺」，而非「定義」。回憶雖然是「一張甚麼都捕捉不到的網」（見本詩集），是「沒有腳的液體……朦朧的圖案」（林亨泰詩句），也是一種療傷劑；政治則是一種必要之作為，其結果可善可惡；至於女人嘛，她們不是生來被人瞭解的，而是被人疼愛的。想要從她們身上找到真理，簡直是緣木求魚。雖然如此，這世界是不能沒有女人的。沒有了女人，不僅宇宙沒有生命，世界沒有光彩，詩人的靈感也會去掉一大半。「愛與死」恆

種「二律背反」（antinomy）的態勢，因為它們是構成一個圓的兩極。「山水緣」是可遇不可求的，誠如張大千所云：「山水緣於婚媾似，不須求早或嫌遲。」有了這個緣分，是一種福氣，可以好好把握、好好享受的。如果讀者有幸看到這本詩集，也請把它當作是一種緣分，好好珍惜吧！

　　這本集子是獻給巴黎大學的Prof. Claval的，以紀念他兩度到台灣講學以及我去年遊歐期間，我們一起遊山玩水、心智交流的點點滴滴。我常常覺得，功名富貴只是浮光掠影，誠摯的友誼才是永恆的。

　　感謝台灣各大詩刊的主編收納我的作品（不管是成熟的還是不成熟的），更感謝劉建基和吳明興兩位教授，在百忙之中撥冗為這本集子寫序。他們的評論不僅是金玉良言，更是空谷的足音，長在我心中迴盪！

胡爾泰　二○一○年六月寫於台北

第一輯

回憶

一張什麼都捕捉不到的網

白色的回憶

—— 致流浪的白俄

那一年的冬天

槍砲的聲音比雪還大

冬宮的星子嚇得失去了血色

鐮刀收割了革命的果實

鋤頭敲碎了大理石的圖騰

西伯利亞的冰雪從此不再融化

白色的星星從此不在旗幟上閃爍

白黨的鮮血

染紅了雪白的芭蕾舞裙

肩星墜落白堊的原野

滑過白色的冰原

帶著四方鄉愁的白色

軟糖 化成了白色的回憶

逐漸消融於白軍的口中

自我放逐的

白色的異國魂啊

鐮刀已然腐朽

鋤頭已然生鏽

察干薩日早帶著雪花降臨

遠方白堊的原野

也傳來了白色馬車的鈴鐺聲…

（二〇〇九年四月寫於明星咖啡館）

（原載《創世紀》第160期）

一首未命名的詩

紅顏是上色的誘惑

酒渦是致命的漩渦

連靈魂都不自覺地捲入了

流轉的秋波

有時也造成一股風暴

在逐漸老化的眼谷來回激盪著

就以雲彩爲顏料畫妳吧

但是它變化得太快了

雙手終於擱淺在向晚的天河

算了　還是

拿彩霞和著酒來喝

酒杯裏洸漾著妳的容顏妳的秋波

……

夜之口

冷不防吞噬了

我

二〇〇七年八月初稿

二〇〇八年五月定稿

（原載《中國語文月刊》第614期）

米勒的麥穗

八月的天空是幾朵微雲

微雲下面是新收割的麥田

麥田上是莊稼漢麥草堆

和三個彎著腰的農婦

農婦一手拿著金黃的麥稈

一手撿拾掉在土地上的穗粒

巴比松恬靜的秋原

盡是黃澄澄的一片

加上些許的紅些許的藍與綠

也許還有白色的汗水滴入土中

但是沒有黑色的聒噪撕裂天空

黃昏的農事　是一齣沈靜的交響樂劇

也許晚禱時分

會有一大群烏鴉來覓拾

大地之子遺失在麥田裏的

白色的回憶

穗粒吧

（二〇〇八年仲秋寫於米勒畫展之後）

（原載《中國語文月刊》第616期，收於《詩藝浩瀚》一書中）

獨處

可以聽見沙漏
或蜘蛛上網捕捉消息的聲音

可以穿越發黃的紙
看見蝴蝶和莊周不斷地變把戲

可以飲喝幾首太白
或者消化一棵村上春樹

可以寫一封不想付郵的情書
或一首只能感動自己的詩

獨處的夜晚並不寂寞
連蟑螂都變得親切起來
渺小的一顆粟
也在夜海中找到了存在的理由

（二〇〇七年十月夜書二〇〇八年十月定稿）

（原載《乾坤詩刊》第49期）

白色的回憶

苦楝花

蝴蝶戀著花

花戀著樹

樹戀著小溪

溪邊有一棵蒼老的苦楝

苦楝的花啊

苦戀著即將遠颺的春天

苦戀著紫白相間的羅裙

苦戀著昔日的激情

苦戀著幾縷幽香和一份許諾

苦等著雪花飄落

以便修成正果

我心中的苦楝花啊

未曾遠颺

未曾飄落

未曾結果……

我心中苦戀的花啊

（二○○九年三月）

（原載《葡萄園詩刊》第183期）

白色的回憶

我未曾離開妳（歌曲）

昨日，木棉花開，紅遍了杜鵑城。

我在花下等妳，等待你的跫音，妳美麗的倩影。

我把它化為詩句，妳的柔情蜜語。

今夜，木棉花落，杜鵑城飄起了細雪。

我還在花下等妳，等待妳的溫柔，妳迷人的笑靨。

但是朦朧的夜空啊，只見飄雪，不見一輪明月。

木棉花卸下了春衣，佳人離我而遠去。

分離是纏綿的終曲，思念是牽縈的序曲。

妳我還會在夢裏相依，

妳未曾離開我，我未曾離開妳。

（二○○九年五月廿九日寫）（原載《中國語文月刊》）

（本詩已由徐正淵先生譜曲）

巴黎，另一種鄉愁

初昇的太陽
是基督的光
穿過聖母的玫瑰窗
投向金色的圓頂與橋頭
花都的鄉愁啊七彩而輝煌

烈士的幽靈
出沒於晨霧未散的公園
長髮流浪到藝術家的橋
歌劇院的魅影是不散的音符
花都的鄉愁啊神秘而感傷

牧神的午後
微風吹過樹梢
敲打綠色的鍵盤
塞納河是一首流浪的歌
花都的鄉愁啊沈鬱而悠揚

水銀燈之夜

紅色的磨坊搖出了康康

瘋馬在香榭的舞台上奔馳

乳波臀浪是迷幻的霓虹

花都的鄉愁啊亢奮而激昂

貓眼的女人

迷迭香的女人

湛藍深邃的眼神

把時間框住把靈魂攝走

花都的女人啊　是解渴的鴆酒

也是　另一種鄉愁

（二〇〇九年八月下旬寫於法國歸來之後）

（刊載於《乾坤詩刊》第55期）

城堡的黃昏

拖住夏天尾巴的高聳的白楊

把長長的陰影投向牧草場

草場上掛著鈴鐺的牛群

悠閒地啃食著牧草的黃昏

偶爾抬起頭哞哞地呼喚著牧人

護城河的水已經乾枯

河邊古老的橡樹

見證了千萬個城堡的黃昏

向晚的微風吹進窗櫺

搖幌金色的帷幔

等候環珮的主人

月夜歸來

腳步聲已逐漸遠離

城堡再度空守著孤寂

只有不死心的夕陽

依戀著花園和斑駁的古牆

反射出女堡主昔日的光輝

可是多少黃昏的號角

才能把春天喚回呀

（二〇〇九年八月十三日寫於法國西南Montal城堡）

（將刊載於《秋水》詩刊）

塞維亞的回憶

哥德人來了又走了

把名字留給了雄偉的教堂

摩爾人來了又走了

留給了阿拉的子民 皇宮花園流水

和拼湊不出任何故事的鑲嵌

哥倫布走了又回來了

把黃金和榮耀安放在塔端與教堂

而在教堂深處得救的靈魂啊

又陷入了佛朗明哥的漩渦裏

福音隨著混濁的河水

晝夜不停地奔流著

印第安人的血啊

卻在半島人的血管裏

日以繼夜地哭泣著

（二〇〇九年八月底寫於西班牙歸來之後）

（載於《乾坤詩刊》第55期）

潮 音

遠方海潮的迴音
從回憶的澗洞響起
昔日的調子
敲打著寂寞的心堤

一夜的浪潮
能引發多少的風騷
一時的銷魂
能留下多少的印痕

春天的雨
已凝成秋日的憂鬱
蝕骨的愛
只剩下微溫的死灰

拍打著海岸的浪
凝咽不住的秋聲

小提琴的啜泣

隨著迴音的海潮

一路蕩漾回去……

岸邊的浪花岩啊

只有風化沒有哭泣

也不能回歸

（二〇〇九年九月寫於台北）

（將刊於《乾坤》詩刊）

白色的回憶

夢醒的時候

夢是海中
被喚醒的月光
銀色發亮的手臂
捕捉浮游的往事
和虛幻的未來

醒來的時候
有嚴冰融解的痛
還有一種成長的無奈
嚙破情繭的幼蟲
等待吐絲
編織另一個銀色的夢

夢了又醒
醒了又夢
夢與醒的循環啊
卻是一個永不甦醒的夢魘

（二〇一〇年元月寫於寒夜醒來）

（原載《乾坤詩刊》第54期）

第二輯

政治

一個高明的騙術

今夜，請不要為我哭泣

今夜　我將倒下

但是請不要為我哭泣

因為我將做妳的墊子妳的後盾

把妳墊高　把妳抬起

白色的回憶

今夜　我將謝幕

但是請不要為我哭泣

因為我已演完我的戲碼

我也曾經努力詮釋妳的偉大妳的風華

今夜　我將隱沒

但是請不要為我哭泣

因為妳的淚水　妳真心或假意的

淚水會讓我在幕後沈得更深

今夜　我將沈睡

但是請不要為我哭泣

我的心永遠屬於妳

雖然我已倦於化妝倦於慇懃

但是　福爾摩沙

我鍾愛的福爾摩沙

請妳老實告訴我

今後　妳將何去何從

（二○○八年三月寫）

（原載《中國語文月刊》）

卡地夫的女孩

卡地夫的女孩

妳不應該赴陌生男子之約

因爲他們可能是撒旦的化身

或是埃羅斯派來考驗妳的使者

白色的回憶

卡地夫的女孩

即使妳執意要出門

妳也應該戴好布爾卡

難道妳不知道外面吹著狂風沙

卡地夫的女孩

即使妳堅持赴約

妳也應該鎖好貞操帶

雖然它比牛軛還沈重

卡地夫的女孩

妳不應該讓人知道妳受辱

因為阿訇因此而蒙羞

阿拉也受到嚴厲的挑戰

卡地夫的女孩

請妳認命接受鞭刑吧

因為它不會比火刑還可怕

也不會比魔鬼的欺凌還痛苦

卡地夫的女孩

有「罪」而無辜的女孩

我的心將為妳而淌血

我的眼將為妳而流淚

（二〇〇七年十二月寫於台北）

（原載《乾坤詩刊》第46期）

冬狩

秋獼剛過的十月

是狩獵連連的季節

還是獸類交歡的季節

公的與母的交歡

唾液與酒精交歡

馬嘶與猏語交歡

犬牙交錯的拒馬是唯一的掩體

掩體內外是兩種不同的激情

獵者強行縮小包圍圈

石頭如冬天的冰雹一般落在巢穴

狂犬的吶喊催升了高潮

獵者和獸類最後都頹然倒地

突圍是必然的

流血是必然的

師出無名的冬狩終究一無所獲

除了飢渴的大地飲喝了熾熱的鮮血

沮喪的獵者

或許期盼另一個狩獵的好時機吧

（二〇〇八年十一月寫於台北）

（收於《詩藝浩瀚》一書中）

野草莓的冬天

一株株的野草莓

從冰冷的雪地冒出頭

在廣場上吶喊

在寒風中顫抖

只為了等待春天降臨藍天點頭

（孩子啊　請你看看我

我一頭飛揚的髮茨

就像二十年前怒放的野百合

野百合遍地開花　我已滿頭白髮）

不　我不能妥協

我要堅持我的訴求我的主張

青春和時間都站在我這邊

（孩子啊　請你了解我的苦衷

因為我無法拼湊謊言

白色的回憶

風霜已削平了我的稜角

狂波已沖皺了我的皮膚）

不　我不能鄉愿

我要他們說個明白

我要他們從雲端下來

我要把一切的不義掃進歷史的塵埃

（孩子啊　如果可能的話請你原諒我

因為我無法陪你靜坐

因為我無法忍受刺骨的寒風

但是如果你冷了餓了累了　就及早回家吧

冬天畢竟不是野草莓開花結果的季節）

廣場上野草莓的吶喊

逐漸淡入呼嘯而過的風寒

（二〇〇八年十一月寫於台北）

（收於《詩藝浩瀚》一書中）

白鴉的獨白

我是同類中的異類

黑暗中的一點白光

每天早上修飾天生潔白的羽翮

以便反射初昇的太陽

只是偶爾發出的嘎嘎聲

暴露了我的本質

我曾經是仙島的王

高倨在扶桑樹顛睥睨群雄

我也曾自由地翱翔在美麗的天空

用力揮舞翅膀大聲地宣示主權

有時安祥地徜徉在陽光下

企圖帶給人光明快樂和希望

如今　由於莫須有的罪名

我被關在人跡罕至的象牙塔內

塔內除了水盆之外空無一物

我用脫落的羽毛做成的筆

書寫往日光輝的歲月

反芻已然發臭的回憶

從十字形窗櫺透進來的光

照著我逐漸消瘦的身影

我依然利用水盆剩餘的水

不斷清洗掉在我身上的塵埃

當夜幕低垂時

我將背著十字架安然逝去

這時 我的靈魂將化成白鴿

飛出塔外 向世人宣告

即使是白鴿 影子也是黑的

（二〇〇八年寫於耶誕節前夕）

（原載《乾坤詩刊》第50期）

貓頭鷹

長嘆一聲

就這樣從岩石殞落

在青瓦台留下了深深的刻痕

白色的回憶

巨大的雙眼

曾經發出智慧的光

穿透海峽的迷霧

穿透三十八度的烽火

穿透窩藏暗處的鼠輩

日夜顛倒不畏強敵的鬥鳥啊

卻穿不透城市獵人詭詐的眼神

縱身一跳

是為了讓靈魂飛回故鄉嗎

肝腦塗地

是為了給政治禿鷹血食嗎

義無反顧

是爲了凸顯死亡的眞諦嗎

勇敢的鬥鳥
夜的領航者啊
請繼續在冥界發光吧

（二〇〇九年五月廿九日哀盧大統領而作）

（原載《葡萄園詩刊》第183期）

天安門，我的母親

二十年了

豐饒的雨終於落在乾涸已久的

黃土上　神所眷顧的黃土上

正開放著五彩繽紛的改革的花朵

但是滋潤大地的慈悲的雨啊

何曾落到黃泉上

黃泉上　一群形銷骨立的

年輕的冤魂　我的同志啊

正翹首等待著還魂的淚水呢

天安門誕生的我

被迫流亡　漂泊大半個地球

被迫滄桑　吞食自己種下的惡果

如今　我的傷痕已老

我的民主鋼刀已生鏽

我染上鮮血的旗子已倒

現在的我　只想回到您的懷抱

白色的回憶

讓您的身體溫暖我漂泊而霜冷的心

讓斑斑的血跡再度使我的淚水潰堤

但是

豐饒的母親

蒼老又年輕的母親啊

您為何還把我擋在大門之外

（二〇〇九年寫於天安門事件二十週年）

（原載《中國語文月刊》第627期）

鴉權宣言

動物生而不平等

有的皮膚白皙有的身體黝黑

有的聲音悅耳有的聲音聒噪

但是請不要把我們污名化

啞嗚啞嗚並非不祥的聲音

而是上帝賦予我們的原聲

不管怎樣我們堅持用這種聲調講話

啞嗚啞嗚……

溫帶的天空是我們的

黃昏的天空是我們的

麥田的天空是我們的　我們可以自由翱翔

沒有國界的天空　也是其他飛禽的

當我們的甦醒還沒有飛上扶桑的樹顛

或者當我們沒入虞淵清洗白色的污穢時

啞嗚啞嗚……

白色的回憶

我們習慣以好心腸代替法律

我們給詩人靈感

我們給畫家顏色

我們給先知神諭

我們是天堂的使者

雖然我們背著地獄的顏色

啞嗚啞嗚……

我們的智商很高

因為我們知道怎麼躲開弓弩

不像人類常常被暗箭或流彈所傷

我們不結社但是經常集體行動也知道怎麼反哺

不像人類那樣喜歡勾心鬥角搞派系

也不像人類那樣的忘恩負義

可是 啞嗚啞嗚……

我們最大的天敵不是老鷹

而是聰明偉大而狡猾的人類

（二〇一〇年二月寫於台北）（刊載於《乾坤詩刊》第55期）

Lament for the Trade Towers

Again another Tower of Babel collapsed!

And the skyline became but a flat horizon.

Such acts of Satanic revenge

Made even God frown.

白
色
的
回
憶

As soon as "Hot Point" brast out from the Center,

All glory, all honor, all wealth, falling with the sparks,

Scattered and vanished suddenly.

And the numerous lives in the Towers had no time to

defend,

But turned into countless wisps of smoke,

Searching in all directions for an escape route for their

souls.

Once invoking the world's wind and rain,

And controlling the color of Wall Street,

These Towers were stacked up with gold.

Now from them only a heap of rubble

And a zig-zag steel frame remain,

Wordlessly piercing the sky.

Theologians have rewritten anew

On the aesthetics of violence.

But I, the infinitesimal,

Cannot understand such "great works";

Just as a lowly creature

Cannot perceive these "lofty" Towers.

Several years hence, perhaps another newer and higher

Tower of Babel will rise from the ruins.

But where is the tall Tower

That can harbor our wounded spirits?

(written in September 2001)

國王的微笑

叢林吞噬五百年的
風雨侵蝕八百年的
國王的微笑
再度粲然地綻開於豔陽下
迎接千萬個好奇的新子民
上揚的嘴角勾起了無數的回憶……

凱旋歸來的象軍激起了沙塵暴
百姓匍匐在觀禮台前
宮女穿著薄紗隨著國王的慾望起舞
弄臣吟誦薄伽梵歌
連毘濕奴的金翅鳥都斂翅來聽

赤潮淹沒了綠色的平原
金邊的烽火燃燒到天邊
當民族主義的旗幟飄揚在每條路上
「改革」的尖刀就插在同胞的胸口

當棕糖樹的鋸齒葉用來割喉

飛鳥就不再啁啾

微笑的高棉啊

祢安詳慈悲的容顏下

正滾動著千萬顆血淋淋痛苦的人頭……

多少屍體才能疊起一座凱旋門

多少鮮血才能餵飽飢渴的大地

多少豔舞才能滿足一人的慾望

多少辛勞才能雕塑一吋微笑

多少謊言才能造就一種聰明

而受難者的鮮血已然乾涸

凱旋門前的象台已然傾頹

宮女弄臣和獨裁者都化爲塵埃

時間已停止在歷史的傷口灑鹽

可是———

洞理薩湖的流水依舊混濁

洞理薩湖的百姓依舊清貧

啊……

憂鬱的熱帶

微笑的國王

白色的回憶

野百合

總是以

傲然的姿態

天使的喇叭

向寒風宣示溫暖

向圍籬宣示自由

向污泥宣示純潔

一直到

春天變質白玉粉碎

跌入往昔黑色的回憶裏

（二〇一〇年四月廿六日寫於台北）

（刊載於《乾坤》第55期）

第三輯

女人
——個永遠解不開的謎

給雙魚座的女孩

捎著春天的信息

以從容優雅的姿態

搖首擺尾於天光樹海

把葉子吹綠

給牡羊戴上花冠

然後乘著五月的浪花離去

在七海之中

妳恣意地洄游著

有時化成一條美人魚

貼著岸邊歇息

悠閒的身影

是永恆的倒影

當海上的射手酣睡如泥

當水瓶重新掛上天際

子夜的鐘聲會響起

這時

妳將擁著浪花入眠

於黑甜鄉的海洋

美麗的比目魚啊

（二〇〇七年十一月夜書）

（原載《中國語文月刊》第608期）

美人三部曲

美人送我一把芹

要我寫一首詩回贈

我搜索枯腸絞盡腦汁

卻連一個字都擠不出來

只能送給她幾個輕輕的吻

美人又請我吃義大利麵

沾著青醬的⋯⋯

希望我青春永駐

再談一場義大利式的戀愛

我卻發現麵條早已爬到了我的臉上

美人再請我喝卡布奇諾

配著迷人可口的黑森林

我沈浸在蜜汁與牛奶的世界

塵世的煩惱與辛酸好像都不存在了

白色的回憶

可是當我用完這份特殊的餐點

美人卻隨著午後的輕煙

消失得無影無蹤

留下我一身的惆悵和一臉的茫然

（二○○七年十二月寫於台北）

（原載《中國語文月刊》）

與小公主的約會

一眼就認出了妳

微暈的斗室

黑壓壓人群中的一盞燈

在初春　一個微寒的午後

白色的回憶

經歷了三百年的風霜

妳仍然保有五歲女孩的純眞

宮廷畫師用彩筆凝住了時間

也留住了妳　無憂無慮的青春

金色的捲髮和寬鬆的蓮蓬裙

反映了妳高貴的出身

紅色的飾花和黑色的滾邊

卻暴露了巴洛克的虛華

也許人無法選擇出身

也許人無法擺脫宿命

但是人可以選擇站立的姿勢

可以選擇在生命的一刻發出光芒

畢竟

巴洛克是浮華而古怪的

洛可可纖弱得禁不起些許的風

而妳　妳清澈的眸子發出的光

穿越了時空

超越了一切偏見和膚色

像宇宙的極光把所有的目光都吸入了

就在此時此刻

純真展現了　永恆的風華

（二〇〇八年二月寫於台北）

（原載《葡萄園詩刊》第178期）

給陽光女孩

午後鐘聲敲打的

海面 逐漸騷動起來

沙灘上沈睡已久的

夢想都被喚醒了

妳的心也跟著澎湃起來

潮水拍打著午後的虛白

陽光肆意在妳的肌膚紋身

海風追逐妳的髮茨

敞開了妳的胸懷

造成一陣漩渦 然後飛颺而去

妳張開天蠍的臂膀

企圖捕捉那鹹濕頑皮的海風

海風瞬間從妳的指縫溜走

女孩

陽光的女孩

奔馳在夢土的女孩

讓影子歇息吧

海風自然吹拂過來

而妳

陽光紋身海風吹拂過的

妳　依然是純潔無邪

（二〇〇八年五月）

（原載《葡萄園詩刊》）

馬王堆的女人

抖掉歷史的塵埃

告別廣寒寂寞的星空

我披著兩千年的皮

捎來宇宙的消息

重新回到人間取暖

時間已停格

青春也沒有褪掉多少色

昇仙的夢卻如彩陶一般破碎了

帛書皲裂　雞犬都成了化石

既聽不到龍吟鳳鳴

也聽不到環珮響屧的聲音

看不到侯爺了

那一生鍾愛我的侯爺

周遭的臉孔是那麼陌生

手無禮地指指點點

白色的回憶

嘴角不斷抽搐著

（我的假髮還在嗎我的羽衣入時嗎）

夢從時間醒來

血在空間冷卻

我的心不再忐忑不再澎湃

而我凸出不死的眼球依然游移

在亙古的迴光和惘然的搜尋當中

（二〇〇八年八月觀利氏於湖南博物館歸來作）

（原載《中國語文月刊》第617期，收於《詩藝浩瀚》一書中）

樓蘭美女

藍天為幬幕

大地為床褥

氈帽靴履的騎士

馳騁草原的女兒

聽一聽呀　遠方沙漠吹響了號角

看一看呀　營盤的烽火再起煙硝

醒一醒啊　天方吹來的狂風

就要吹熄了拜天者熊熊的火苗

孔雀的羽飾還在

孔雀河啊　已然荒涼

木箜篌的聲音在空氣中迴盪

喚不起躺在船艙裏的樓蘭姑娘

風化的木槳也無法擺渡

美麗的靈魂到天上

白楊啊白楊　故鄉啊故鄉

響起叫拜員早晚的呼嚷

白色的回憶

乘著皎潔的月光

從廢墟中浮起的

雪白的沙漠之花啊

伶人又彈起了琵琶

妳的香魂歸居何處

妳的芳心惦記何物

但願妳四十年的風華

幻化成千古的神話

（二〇〇八年十二月寫，原載《葡萄園》第181期，收於《詩藝
浩瀚》一書中）

玫瑰夫人

玫瑰夫人

很喜歡玫瑰

開了一家玫瑰色的館子

取名叫玫瑰夫人

牆壁上掛著玫瑰畫

桌巾上有玫瑰茶

里摩日的瓷皿上釉了玫瑰花

連咖啡上頭

也綻開了朵朵白玫瑰

整間館子就像一朵盛開的玫瑰

美麗的侍女是重重的花瓣

一個玫瑰花開的夜晚

我不小心弄碎了

一小片玫瑰花瓣

玫瑰夫人優雅而迅速地

白色的回憶

佔領了我的味蕾我的身體

而來不及逃離的目光

跌入了玫瑰夫人胸前

玫瑰花飾的漩渦裏

（二〇〇九年四月）

（原載《乾坤詩刊》第51期）

給安琪拉 (歌曲)

彷彿在睡夢中見過妳
　　妳的容顏竟如此清晰
彷彿在伊甸中吻過妳
　　妳散發出迷人的氣息
彷彿在雲端中聽到妳
　　妳是蕩漾銀河的天使

今夜　天街如水
天街如水　我將沈醉
醉入迷人的伊甸裏
今夜　月華如洗
月華如洗　我將沈睡
睡入蕩漾的銀河裏

今夜　就在今夜
我會在夢中
再遇到妳　擁抱妳

（二〇〇九年五月寫，原載《中國語文月刊》第625期）

（本詩已由徐正淵先生譜曲）

白色的回憶

再見青山 （歌曲）

走過海邊 走過丘田 我又來到了山巔

妳從山巔走下來

張開雙臂 迎接浪子漂泊的夏天

還沒開口 喜悅就飛到妳的唇邊

輕盈的步伐 未曾衰老妳的容顏

我投入妳的懷抱 作竟日的流連

青鳥飛翔 蝴蝶翩翩 綠水蜿蜒的花園

妳的髮絲飛揚如瀑 滋潤了我乾渴的心田

妳的歌聲悠揚如嵐 未曾干擾白雲的清眠

嫣紅的野牡丹是妳的髮鈿

雨後的彩虹啊 是妳蓮蓬裙的滾邊……

再見綠水 再見青山

汽笛聲已經響起 我必須離妳而去

尋找另一個生命的春天

妳淚水漣漣 默默地送我到海邊

讓我們在夢裡相見　永永遠遠　永永遠遠

（二〇〇九年六月十八日夜書）

（原載《中國語文月刊》626期）

（本詩已由徐正淵先生譜曲）

白色的回憶

列車上假寐的少女

時光的列車

行駛於生命的縱貫線上

南國的荳蔻

綻開於浮動的花園

鋪陳著維納斯的慵懶

春天沿著一身的繽紛走下來

飛揚的髮瀑

和著昨夜的宿醉

流入了未來的夢中

夢中嘴角的微笑

是要勾住心上人

還是要招惹流浪的蝴蝶

身上優美的線條

是要表現黃金律

還是要誘惑吟遊的詩人

花朵從來不爲春天而開

也不爲蝴蝶不爲詩人而綻放

時光的縱貫線

只是生命的交會點

可是

南國的荳蔻啊

偶然飄過眼前的三月的輕煙

是妳生命中的哪一站

（二〇一〇年三月寫）

（原載《中國語文月刊》636期）

白色的回憶

雲端的女人

招一招手

就讓朝陽來膜拜

揮一揮手

就讓彩霞添光彩

再揮一揮手

就能叫出滿月

讓群星失色

一聲令下

就製造一場暴風雪

幾句呢喃

也使彩虹如醉如癡

至於雲雨嘛

只是空中的七寶樓閣

即興演出的娛樂

如花的美人啊

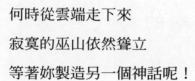

何時從雲端走下來

寂寞的巫山依然聳立

等著妳製造另一個神話呢！

（二○一○年五月中寫於台北）

白
色
的
回
憶

愛與死

二律的背反

秋情

春天走了

留下一株心情

和兩朵微笑

在斗室

靚女的酒渦綻放

散發出一陣陣

咖啡的秋香

窗外

杜鵑癡情的血

凝結成秋天的眼淚

點點滴滴灑在楓葉上

染紅了整個眼簾　整個天空

未完成的春夢

就那像破碎的繭

隨著秋風　無聲無息地隕落

一樣的秋天

兩樣的心情

（二〇〇七年十月）

（原載《中國語文月刊》）

四季

交配的季節

蟲豸蠢蠢欲動

蜜蜂和花粉交配

青鳥和白雲交配

鐵牛和大地交配

風和雨交配

而所有的慾望所有的企圖

都指向春天的最後一個音符

浪花的季節

浪花的人生

沒有一刻是靜止的

沒有一點是不亮的

熾熱的陽光蒸騰了整個海面

弄潮兒征服了夏日不設防的海岸

沖浪板挾持浪花撲向沙灘

沙灘上驚呼狂奔的少女

濺起了一陣陣肉色的浪花

豐收的季節

季節的顏色是金黃

金黃是秋霞的顏色

金黃是果子的顏色

金黃是稻子的顏色

金黃是黃金的顏色

金黃是一切幸福一切飽滿的顏色

沈默的季節

雪花無聲無息的飄落

葉子無聲無息的殞落

流年無聲無息的走過

沈默是必要的休止符是必要的等待是必要的

等待另一次奮起另一次昇華

另一齣春天樂章的響起

（二○○七年年底寫於台北，原載《葡萄園詩刊》）

蟬之死

嘶喊了一整個夏天

終於壽終正寢

沒有哀樂沒有告別式

也沒有送葬的隊伍

只是不斷受到烈日的炙烤

蜷曲的身子更加僵硬

無法發出聲音更無法飛往天國了

喚醒春天的企圖終究是枉然

叱走秋氣的夢想畢竟也無法實現

成住壞空是必然的

堅強是美德也是惡德

但是

在過去的幾個月

天空更藍樹林更綠

山間溪流更加嘹亮更加活潑

白色的回憶

也許

生命如蟬聲

追求響亮與頻寬

（二〇〇八年八月寫於台北）

（原載《中國語文月刊》第615期，收於《詩藝浩瀚》一書中）

愛之死

從愛到死

距離到底有多遠

三十六秒

還是三十六年

愛是恆久的等待

還是黑暗中劃一根火柴

愛是教人生死相許

還是一番雲雨

愛是柏拉圖式的

還是薩德式的

愛是兩個星球之間的引牽

還是狂浪衝擊不設防的沙灘

死是永恆的睡眠

還是性愛的極致

死是痛苦的結束

還是輪迴的開始

死是回到上帝身邊

還是歸於虛無之間

一切都沒有答案

我只知

少了一顆AV端子

牽引突然隱沒

世界頓然失色

（二〇〇八年十二月紀念飯島愛而作）

（原載《中國語文月刊》第620期）

夜之華

一朵紫羅蘭

綻放於夜的子宮

散發迷人的迷香……

精靈無意中闖入了

翻騰了

沈醉了……‧‧

一直到清晨的露水

滴醒了

紫色的夢

（二○○九年二月）

（詩原題〈給喬安〉，載《葡萄園詩刊》第182期）

白色的回憶

仲夏十四行

馬路是黑色蜿蜒的巨蟒

吐出一節節灼熱的慾望

天是舊日的澄藍

雲是情人的慵懶

從來不多眠的九重葛

終於打盹了在烈日下

吹動綠裳的微風

吹不醒紫色的夢

路邊淡泊梔子花蒸熟的蛋黃

飄著假日的芬芳

葡萄藤蔓悄悄地爬過了女牆

醞釀秋日的酡紅

繡閣裏凝眸窗外的少女

正等待一場午後的陣雨

（二○○九年六月秒寫於雙魚坊）（原載《秋水》詩刊與《文
學人》革新版第7期）

蝕

相隔億萬公里

衷心盼望著妳來

雖然妳從黑暗中走來

會抹煞我的光彩

妳緩緩進入我的體內

我們回到了混沌

億萬光年的相思

暫時獲得片刻的溫存

我們掩蓋彼此的黑點

構成一個完美的圓

鑽石的光環套在我們的頭上

夸父停止了腳步向上瞭望

刻骨蝕心的愛

見證了剎那的永恆

分離是必然的

因爲那是另一次相聚的開始

正如混沌是生光的開始……

（寫於二○○九年七月廿二日全食日）

（原載《文學人》革新版第7期）

破傘

一個棄婦

癱瘓在泥濘的馬路上

紅顏褪色髮絲散亂

髒兮兮的身子高高地拱了起來

好像要掙脫宿命似的

無情的冷風卻不斷地吹拂

尖拱的身子和散亂的髮絲

生命之弦的彼端

陽光燦爛

白沙細膩的黃金海岸上

妖冶的貴婦人撐著一把

有蕾絲花邊的小陽傘

依偎在圓滾滾油膩膩的肚子上

輕狎的暖風不時吹起身上的薄紗

（二〇〇七年十一月初稿，二〇〇九年十一月定稿）

海濱之歌

海風喲

你為甚麼如此輕佻

吹亂了她一頭的秀髮

海浪喲

你為甚麼如此猖狂

吹皺了我一池的春水

千疊敷喲

你為甚麼如此沈默

牽引了兩顆心的寂寞

我說海喲

千年滔滔不休的海喲……

千疊敷喲

千年不語的千疊敷喲……

（二○○九年十二月）（原載《乾坤詩刊》第54期）

書塚

躲過蠹魚的囓食

逃過跳蚤的騷擾

卻逃不過宿命的安排

等著水浸

等著火焚

等著風化

等著時間　還原成

屑

木質的海灘

無助地躺著　疊著

未被觸摸過的

身體發黃的處女

死魚的眼睛

無言地瞪著天空

（二〇〇九年九月初稿，十月廿五日定稿）（原載《創世紀》

第163期）

白色的回憶

Tombeau de Livres

Après échapper la morsure des lépismes,

Après s'enfuir du trouble des puces,

Ils sont tombés dans la disposition du destin.

Et ils ne peuvent qu'attendre l'imbibition d'eau,

Attendre le brûlage de feux,

Attendre l'érosion éolienne.

Etant aux aguets, le Temps

Va les réduire en miettes de cendre.

Sur la plage de bois,

Se couchent inertes

Des vierges intactes

A la peau jaunie,

Dont les yeux de poissons morts

Regardent sans mots la voûte céleste.

(écrit en octobre 2009)

運將之死

六腳的獨角獸

劫走了情義

奪走了生計

啣走了心頭的肉

卻丟下了老骨頭

狂奔於生命的終程

喘出來的熱氣

化成寒風中的白煙

逐漸蹣跚的步履

是彈性疲乏的弓弩

踉踉蹌蹌地落入人海中

獨角獸就要消失了

在夕陽和逐漸閉合的眼簾之間

停止無用且無望的追逐吧

白色的回憶

可憐的生活的奔營者啊

你的汗水將化爲杜鵑的血

滴紅每一朵春天的花

你的骨骸將化爲鄧林

捕捉每一道陽光

從早到晚

（二〇〇九年年底爲一個運將而寫）

（原載《中國語文月刊》第634期）

推手

一雙纖細的手

推著笨重的年輪的椅子

輪椅上老人的一雙手

無力地落在癱瘓的腿旁

那曾經推動時代巨輪的一雙手

那曾經推波助瀾的一雙手

如今再也推不動任何東西了

只能任由那推動小輪的一雙手

嘰哩呱啦地擺佈著

老人的一雙手

偶爾還能顫抖出皺皺的往事

但是推敲詩句的十隻手指頭

能在時間的鍵盤上

敲鍵出甚麼樣的軌跡呀

（二〇一〇年二月寫於台北）

（原載《中國語文月刊》635期）

白色的回憶

第五輯

山水緣

一場又一場驚喜的邂逅

京都夜雨

黃昏下來的雨

助長了夜色的氾濫

把黑色的廟宇和宮城淹沒了

驛前閃著光的高塔

在夜潮中浮起

稀稀落落的行人

漂浮在虛幻的光影之中

凌晨滴滴答答的

雨聲 敲醒了旅人的鄉愁

窗玻璃上迷濛的雙眼

也漲了潮⋯⋯

（二○○八年元月寫於京都）

（原載《中國語文月刊》）

白色的回憶

神戶港邊的聯想

如果
牛排是神戶的
那麼
港灣是海鷗的
旁邊的電線桿也是海鷗的

如果
港灣旁邊的黃色教堂是神的
金色陽光是老人和流浪漢的
那麼
什麼是漂泊者的

鹹濕的海風
還是隨風而逝的跫音

（二〇〇八元月年寫於神戶）

（原載《乾坤詩刊》第47期）

啊！阿勃勒

裹著一襲綠裳

綴滿黃色的蝴蝶結

妳柔荑的千手挽著晨曦與黃昏

就這樣走過了一整個夏天

未曾衰老妳的容顏

雖然去年的黃昏已修成黑色的正果

當暖風把蟬聲吹得震天價響的時候

妳身上也滑過時光馬車清脆的風鈴聲

無視於陽光漂白的企圖

妳堅守著黃色的冕旒

那帝王的標誌星辰軌道的顏色

有時候妳化身為午後的一場黃金雨

暈染了整個雅典的天空

也潤絲了夏日飢渴的小徑

就像宙斯神聖的體液

白色的回憶

豐饒了維納斯荒蕪又芬芳的丘野

最喜歡在黃昏時靜靜地看著妳
看著妳掛起黃色的酒帘
引誘詩人進入妳精美設計的沙龍
翻滾一齣黃色的風暴
此時　我是觀者又是演員

但是　我知道夜幕終會落下
正如黑色是一切顏色的歸宿

（二〇〇八年七月末寫於蝶飛鳳舞花園）

（原載《乾坤詩刊》第48期）

逃出大阪城

逃出河豚的誘惑

逃出梅田地下的迷宮

逃出妖冶迷人的歌舞伎

逃出難波洶湧的人潮

飛向海鷗的大洋

飛向烏鴉的天空

飛向八重野梅的園林

飛向大海中漂浮的島嶼

我的心

掛在天守閣的重簷上

（二〇〇八年元月寫於大阪二〇〇八年十月定稿）

（原載《中國語文月刊》第618期）

白色的回憶

九份情

如果十分是瀑布

那麼妳是山水老街吞雲霧

如果春色有十分

妳就佔了九分

如果春情有十分

我也將給妳九分

只留下一分

在我的心湖裏來回蕩漾

金色的回憶

（二〇〇九年四月十二日重遊九份即席而作）

（原載《乾坤詩刊》第52期）

九份的天空

緩緩爬上茶壺的

朝陽終於收起了昨夜的

迷霧之網　幻化成

追逐蒼鷹的白雲

或者追逐白雲的蒼鷹

烈日燒製出來的青白瓷

在夕陽的暈染之下

變成了誘人的鬥彩

而款步輕移的月娘

不小心踢翻了寶瓶

流放出滿天的星斗

和沾滿詩箋的墨色

（二〇〇九年七月十二日三遊九份歸來作）

（原載《乾坤詩刊》第54期）

九份的基隆山

夢中的山

從記憶的海洋浮起的山

從貝殼轉化而成的山

就在眼前 熠熠發光

反射著古老的神話

和黃金的歲月

夢中的山

流動著翡翠的線條

完美的軀體

在騷動海洋的催情之下

被冶豔的強光佔有了

暈死在熱風的嘆息裏

夢中的山

一座只在夢中移動的山

又復活在夕陽的餘暉

和古老的回憶裏

（二〇〇九年七月登基隆山有感而作）

（原載《乾坤詩刊》第53期）

白色的回憶

多爾多涅四行詩

城堡尚未從晨霧中甦醒
谷地的露宿者也還沈沈睡在夢鄉裏
野鴨已展開一天的馳騁
河邊漁者忙著垂釣昨夜墜落的星子

（二〇〇九年八月十二日寫於法國Dordogne河谷）

（原載《乾坤詩刊》第54期）

Un Quatrain de la Dordogne

Comme les châteaux ne se sont pas dessinés à cause des
  bouillards,
Et comme les campeurs sont encore enivrés dans leurs
  rêves,
Les canards sont déja sortis pour une chasse brève,
Et un pêcheur s'occupe de chercher les étoiles tombées
  par hasard.

(écrit à la vallée de la Dordogne le 12 août 2009)

哥多華傳奇

千年河水沃漑的沙漠之花

昏死於烈日下

依然混濁的水反映不出一丁點的眞相

發黃的石壁只斑駁出些許歲月的滄桑

橘子逕自在中庭的樹上發呆

石板路達達的馬蹄

偶然劃破午後的孤寂

古老高聳的禮拜堂

叫拜聲不再

聖歌也不再

色彩壓著色彩

歧見疊著歧見

繽紛的廊柱傍著精緻的鏤雕

撩亂了時空　也弄花了眼

當教堂的鐘聲敲退炎熱

白色的回憶

點燃古典的水銀燈時

沙漠之花又復活了

在天方的夜譚　遊人的笑語

和猶太先知的神秘花園裏

（二〇〇九年八月十八日寫於哥多華）

（原載《葡萄園詩刊》第186期）

河邊漫步

從新橋走到亞歷山大橋

再躞蹀到另一座新橋

一下子走過三百年的光陰

白色的回憶

甚麼都沒留下

除了長長的影子

和迅速被淹沒的履痕

甚麼都沒聽到

除了蠅子船滑過水面的脆音

風吹河邊樹葉彈起的蕭瑟聲

以及路邊咖啡館傳來的談笑聲

攀登巴別塔是沒有必要的

也許應該往回走

回到上游

回到遙遠的東方

尋覓未污染的處女地

尋覓香消玉殞的幽魂

尋覓……

遠方教堂傳來的鐘聲

宣告花都美麗的黃昏正要開鑼

（二〇〇九年八月十日寫於巴黎）

（將刊載《中國語文月刊》第637期）

秋之宴

菊汛剛剛掀起黃色的浪濤

路邊的欒樹就泛起了紅潮

波動的秋色

好像要把整個城市淹沒

白色的回憶

無意間　抹紅了藍空

灌醉了椿象蟲

燈籠高掛時

赤腰燕應該會來覓食吧

生命的蒴果

在成熟的歡呼中殞落

生命的樂章

卻在無聲無息中交響

（二〇〇九年十月初稿，十二月定稿）

（原載《中國語文月刊》第631期）

巴肯山的落日

吳哥神殿昇起的

紅日　越過了護城河

穿過了綠林與十里紅塵

又踏過佛的足印

從東邊爬上了陡峭的石階

在廢墟與高塔間逡巡　為了尋覓

國王的蹤跡　遲遲不肯落下

熱帶的焰火燙黑了砂岩

山客的汗水滾入了石縫

太陽依舊掛在遠方的樹顛

和巨神的眉宇間

梵天的光一一給諸神鍍了金

濕婆走出神殿

曼妙地舞了一○八回

巴肯的巨神一個不留意

吐出了紅丸

化作千萬盞　古城街道的燈火

（二〇一〇年二月七日寫於巴肯神殿）

（原載《乾坤詩刊》第54期）

白色的回憶

瑪岱爾的教堂
Une Eglise à Martel

時間	Le
沿著	Temps
藤蔓	Suivant la liane
爬滿了石灰岩牆壁	Grimpe sur les murs calcaire
又攀上耶穌的門楣	Et monte au sourcil du Sauveur
爲了要接近天堂些	Pour mieux s'approcher du Ciel
但是時間未曾蒼老	Mais le temps ne vieillit jamais
耶穌基督未曾蒼老	Ni le Sauveur
連天堂也未曾蒼老	Ni le Paradis
蒼老的是石灰岩壁	Ce qui vieillit, ce sont les murs calcaire
和一顆老是懷古的	Et le coeur qui se souvient souvent de
心	l'ancien
唱詩班	Le chant du choeur
的歌聲迴盪	Tournoie et fait echo
於向晚的水銀燈下	Au tour des lampes à iode au crépuscule

（二〇一〇年二月寫）　　　（écrit en février 2010）

（原載《乾坤詩刊》第54期）

國家圖書館出版品預行編目資料

白色的回憶／胡爾泰著. -- 初版. -- 臺北市：萬
卷樓, 2010.07
面；　公分
ISBN 978－957－739－684－6 (平裝)

851.486　　　　　　　　　99013672

白色的回憶

著　　　者：胡爾泰

發　行　人：陳滿銘

出　版　者：萬卷樓圖書股份有限公司

臺北市羅斯福路二段 41 號 6 樓之 3

電話(02)23216565‧23952992

傳真(02)23944113

劃撥帳號 15624015

出版登記證：新聞局局版臺業字第 5655 號

網　　　址：http://www.wanjuan.com.tw

E－mail：wanjuan@seed.net.tw

承印廠商：晟齊實業有限公司

定　　　價：200 元

出 版 日 期：2010 年 8 月初版

ISBN 978－957－739－684－6